AVIS
AUX HABITANS
DES VILLES ET DES CAMPAGNES
DE LA PROVINCE DE LANGUEDOC,

Sur la manière de traiter leurs Grains, et d'en faire du Pain.

Imprimé et publié par ordre des Etats généraux de Languedoc.

Travaillez, prenez de la peine,
C'est le fonds qui manque le moins.
LA FONTAINE.

A PARIS,
DE L'IMPRIMERIE DES ÉTATS DE LANGUEDOC,
Sous la direction de P. F. DIDOT jeune, quai des Augustins.

M. DCC. LXXXVII.

AVERTISSEMENT.

Le nettoiement des grains, leur mouture, la bluterie et la cuisson du pain, ne pouvant s'exécuter que par le secours des instrumens propres à chacune de ces différentes opérations; pour les perfectionner, les Etats-généraux de Languedoc se sont procuré les meilleurs modèles de cribles, de moulins, de blutoirs et de four, qu'ils ont déposés dans les Cabinets de Physique de Toulouse et de Montpellier, pour l'instruction des Meûniers et des Boulangers qui auroient besoin de les consulter. Dans la vue même de ne rien laisser à desirer sur cet objet important, les Etats ont fait graver les plans, profils et dessins de ces instrumens : on les trouvera, avec les détails qui y sont relatifs, dans le Mémoire sur les avantages que la Province peut retirer de ses récoltes, considérées sous tous leurs rapports : *ce qu'on va lire en est extrait.*

AVIS
AUX HABITANS
DES VILLES ET DES CAMPAGNES
DE LA PROVINCE DE LANGUEDOC,

Sur la meilleure manière de traiter leurs Grains, et d'en faire du Pain.

LE pain est presque le seul aliment du peuple, et toujours sa plus forte dépense : le riche et le pauvre en font un usage journalier. Le premier le veut très-délicat ; le second bien nourrissant : tous deux le desirent sain et à bon compte. Leurs vœux communs seront exaucés, si on suit fidèlement les moyens simples et faciles, indiqués dans ce petit Manuel de ménage.

Pour préparer, dans tous les temps, le pain d'une

manière avantageuse à la santé et à l'économie, il faut :

1°. Que les grains soient parfaitement nets et purs.

2°. Que leur conservation entraîne peu d'embarras et de frais.

3°. Que le moulin bien conduit, en retire le plus de produits, sans en altérer les qualités.

4°. Que la farine se trouve exempte de tout mélange de son.

5°. Que la pâte soit pétrie, levée et cuite à propos.

Tels sont les objets dont la connoissance est nécessaire au plus grand nombre, puisque souvent le même homme sème, récolte et vend son grain, le fait moudre et en fabrique du pain. Ce sont des conseils dictés par l'amour de l'utilité publique sur l'aliment principal de la vie. De plus amples détails seroient inutiles aux Languedociens; car, comme dit le bon homme Richard, » pour l'homme bien avisé il » ne faut que peu de paroles; ce n'est point la quantité » de mots qui remplit le boi eau. «

ARTICLE PREMIER.

NETTOIEMENT DES BLÉS.

La malpropreté des grains dépend autant de l'imperfection des instrumens employés pour les nettoyer, que des défauts de soins à l'époque des semailles, avant et après la récolte : ces soins influent même sur leurs qualités, leur abondance et leurs effets dans l'économie animale : ils consistent dans

La connoissance du sol, et de ce qu'il peut rapporter.

Les labours suffisans, et donnés à temps convenables.

Le choix des semences, leur préparation et leur renouvellement.

L'économie des semailles et la manière de les répandre.

Les soins de les espacer et de les enterrer profondément.

L'attention à détruire les mauvaises herbes avant qu'elles ne portent des graines à maturité.

Le criblage destiné à en séparer les ordures et les semences étrangères.

I.

La connoissance du terrain éclaire sur ce qu'il peut rapporter. Ce qu'il y a de plus précieux ensuite, c'est l'à-propos : il tient au climat ; chacun doit étudier et lire dans son champ pour le découvrir ; car :

Mieux vaut saison
Que labouraison.

II.

Jamais la terre n'est susceptible d'épuisement, de lassitude et de repos. Cultivez mieux, changez alternativement de production ; elle se reposera d'elle-même par la seule différence des grains qui y seront semés.

III.

Après la récolte levée, ne différez point le premier labour. Les mauvaises herbes n'ont pas le temps de grainer ; et enfouies dans la terre, elles périssent en lui servant d'engrais.

Labour d'été vaut fumier.

IV.

Consultez la terre avant de la travailler : trop sèche, vous

vous n'avez que de la poussière ; trop humide, ce n'est que de la boue. Souvenez-vous

Qu'il vaut mieux faire le sol
Que de labourer en temps mol.

V.

Vos seconds labours seront d'autant plus utiles, que vous leur donnerez plus de profondeur, et que vous les multiplierez moins : ne négligez rien sur cet objet; travaillez, bon Laboureur, pendant que le paresseux dort ; vous aurez du blé à vendre et à garder.

V I.

Choisissez pour vos semailles le grain le plus nouveau, le plus net, le plus lourd, le plus mûr et le mieux nourri ; il y a toujours du bénéfice à ne jamais rien épargner sur le choix des semences.

V I I.

Préférez toujours la semence d'un terrain meilleur que celui que vous avez à couvrir : changez-la de temps en temps ; car elle s'abâtardit dans le meilleur fonds. La terre se réjouit d'être ensemencée d'autre blé que du sien propre ; elle se plaît dans la diversité

VIII.

Quelle que soit la nature de votre terrain, semez clair, et vous récolterez épais. En répandant trop de toutes sortes de grains, vous ne retirerez que quatre ou cinq pour un. Enfin, quand vous semez, que ce soit d'une main économe, et non à pleins paniers.

IX.

La quantité de semence, inutilement employée dans les bons fonds, procurera une épargne considérable au cultivateur, et une grande ressource de plus pour le pays.

Qui sème trop épais, vide son grenier deux fois.

X.

La semence trop à découvert devient bientôt la proie des animaux; ses racines sont exposées pendant l'hiver aux rigueurs du froid, et l'été à l'excessive chaleur. Les semailles enterrées font les riches moissons.

XI.

Semez de bonne heure; vous aurez encore un autre moyen d'augmenter les récoltes sans multiplier les travaux et les dépenses : en ce point il vaut mieux avancer que de reculer.

Si tu veux bien moissonner
Ne crains de trop tôt semer.

X I I.

Riches propriétaires, montrez à vos voisins que plus ils sèment, moins ils récoltent. Si, pour justifier leurs mauvaises pratiques, ils allèguent : *Nos pères faisoient autrement, ce n'est point notre usage*, soyez opiniâtres dans le bien que vous voulez leur faire ; employez, pour les convaincre, l'expérience. La voie du précepte est longue, celle de l'exemple est courte.

X I I I.

L'accident le plus redoutable pour le froment, c'est le *noir ;* il le corrompt, fait perdre souvent un quart de la récolte, et donne au grain échappé à ce fléau, une odeur puante et un vilain aspect : on l'appelle *blé moucheté ;* c'est une vraie perte des semences.

X I V.

Injustement vous accusez les brouillards, la rosée, les terrains, les fumiers, d'occasionner la maladie ;

c'est le grain qui la porte et qui la répand d'autant plus aisément, que les semailles sont tardives et superficielles, qu'elles ont moins de maturité, que l'engrais du pacage est considérable, et les derniers labours plus anciens.

Le trop tarder, en fait de labourage,
Est la ruine entière du ménage.

X V.

Le lavage à grande eau rend le blé moucheté propre au commerce et à la fabrication du pain; mais il ne devient bon pour les semailles, qu'en faisant succéder à cette première opération une lessive de chaux; reste à savoir l'employer. En ceci, comme en beaucoup d'autres choses, c'est la façon de le faire qui fait tout.

X V I.

Etendez 10 livres de chaux dans 30 pintes d'eau bouillante, mettez-y tremper un setier de blé de 240 livres, séparez les grains légers qui surnagent; vingt-quatre heures après, faites sécher le blé sur le plancher d'un grenier, jusqu'à ce qu'il puisse glisser entre les mains du semeur. Rejetez toute autre manière d'employer la chaux : l'expérience et le succès, voilà la meilleure méthode qu'on puisse proposer et garantir.

X V I I.

Ajoutez, si vous le pouvez, à la préparation de la chaux, des eaux de mares et de fumier, des fientes d'animaux détrempées, et des lessives de cendres : ce moyen préservatif devient encore un engrais ; le blé ainsi gonflé, germe plus vîte, et la main du semeur remplie, en répand moins à chaque pas qu'il fait.

X V I I I.

Lavez les sacs où il y a eu du blé moucheté ; n'employez pas la paille ni les criblures qui en proviennent, sans avoir été parfaitement consommées ; évitez de jeter les lessives sur les terres à blé et sur les fumiers. C'est à l'oubli d'une seule de ces précautions qu'on doit attribuer le défaut de réussite, quand elle n'est pas complète.

X I X.

Une fois la cause du mal connue, et le remède indiqué, le laboureur dont les champs seroient encore empoisonnés, deviendroit coupable envers Dieu, qui lui crie : Aides-toi et je t'aiderai ; envers le Maître à qui il livre un blé de médiocre qualité, et envers ses domestiques, qu'il sustente d'une nourriture mal saine.

X X.

Aucun grain d'une semence bien préparée, espacée et enterrée convenablement, n'est perdu ; tous germent, poussent, tallent, épient, et rapportent au moins dix pour un.

Le bien que tu procureras,
Tu l'éprouveras doublement.

X X I.

Quand il n'y a point entre chaque pied un intervalle de cinq à six pouces, les racines s'entrelassent, se confondent, s'étouffent et s'affament les unes les autres, d'où résultent des tiges foibles, des épis maigres et des grains fort petits; la plus mauvaise herbe pour le blé, est le blé.

X X I I.

Soyez en garde contre les gens à secrets, qui trompent et ruinent avec leurs promesses de prodiges de fécondité et de multiplication ; n'écoutez que la voix de l'expérience, qui crie : Semez clair, et vous récolterez épais. Nul travail de plus, moins de dépenses à faire. Vos blés lavés à l'eau et trempés dans la chaux, plus purs, plus nets, ne janniront, ne noirciront plus; votre récolte, tant en paille qu'en grain, sera plus abondante. Chassez ces trompeurs, et dites comme la ménagère de la Fable :

> Ni mon grenier ni mon armoire
> Ne se remplit à babiller.

XXIII.

La terre ne produit point d'elle-même les mauvaises herbes; ce sont les semailles, les fumiers et le vent qui les apportent dans les champs; la saison et les négligences les y perpétuent; elles occupent en pure perte la place du bon grain, dont elles dévorent la subsistance.

XXIV.

Arrachez les mauvaises herbes avant qu'elles ne grainent; leurs semences, qu'il est impossible de séparer au van ou par le crible, déprécient aux yeux de l'acheteur ou du consommateur, la bonne qualité des blés, comme celle de leurs produits en farine et en pain.

XXV.

La malpropreté des aires, et leur peu de solidité, couvrent souvent le blé d'une poussière qu'il est difficile ensuite d'enlever, sur-tout dans les temps humides ; il convient que ces aires soient bien affermies et mieux soignées.

XXVI.

Avez-vous le malheur d'avoir du blé moucheté, battez-le au tonneau, en observant de vous mettre sous le vent ; l'épi, ainsi que la paille, demeureront dans leur entier, et le grain sera moins exposé à être taché par la poussière du *noir.*

XXVII.

Quoique le battage au fléau soit moins expéditif que le dépiquage par le pied des animaux, faites quelques essais, pour voir s'il ne sépare pas plus parfaitement le grain de l'épi, s'il ne conserve pas à la paille toute sa valeur, et s'il salit autant le grain.

XXVIII.

Le crible est l'instrument le plus parfait pour nettoyer le grain ; il l'écure, le dépouille des balles, des pierrailles, de la poussière, des insectes, de leurs débris, et généralement de toutes les semences étrangères, dont le volume est inférieur à celui du blé.

ARTICLE

ARTICLE II.

CONSERVATION DES GRAINS.

Les grains, arrivés à maturité, commencent déja à perdre de leurs qualités essentielles, si on ne s'occupe de leur conservation au moment où on vient d'en faire la récolte ; il faut même remonter jusqu'aux sources qui les rendent souvent d'une garde difficile, et quelquefois dangereux dans l'usage ; ainsi l'économie et la prévoyance doivent se réunir

Pour empêcher qu'ils ne s'échauffent et ne germent sur pied ;

Attendre qu'ils soient façonnés dans l'épi ;

Faciliter leur ressuage au grenier;

Les metire en réserve dans un endroit convenable à leur nature ;

Les préserver de l'attaque des insectes ;

Les transporter enfin, sans qu'ils subissent d'altération en route.

I.

Lorsqu'il pleut durant la moisson, profitez des intervalles de beau temps pour former, avec plusieurs javelles réunies, de petites meules de six à sept pieds d'élévation ; c'est le moyen de rentrer la récolte sèche d'un canton dans une saison humide.

II.

Vous vous pressez trop de battre : plus le grain reste dans l'épi, plus il s'y améliore ; recouvert de son enveloppe naturelle, il acquiert le dernier degré de maturité, possède long-temps le goût de fruit et toute sa fécondité ; c'est l'amande conservée dans sa coque.

III.

La pesanteur et la netteté, voilà les caractères du bon grain ; le plus lourd, à mesure égale, sera toujours le meilleur, si à cette qualité il joint celle d'avoir l'écorce fine.

IV.

Le bon grain, quoique plus cher que le médiocre, doit toujours être préféré, parce qu'il est d'un traitement plus facile, qu'il rend davantage à la mouture, au pétrin, que par conséquent le pain est à meilleur compte, et a plus de qualité.

V.

Les grains de qualité inférieure, font plus de profit, étant consommés sur les lieux où on les a récoltés, parce qu'ils coûtent autant de frais pour leur transport que les blés d'élite, et que souvent, malgré tous les soins, ils n'arrivent pas sans avaries à leur destination.

V I.

Un crible parfait ne nettoie pas seulement le grain, il le rafraîchit, lui fait perdre l'humidité et l'odeur qu'il auroit pu contracter au grenier, en route et dans les marchés : multipliez donc cet instrument par-tout, dans les aires, au magasin, dans les halles et au dessus de la trémie du moulin.

V I I.

Pour cribler parfaitement, il ne faut pas expédier trop de grain à-la-fois; six cents livres par heure suffisent. Prenez garde que l'ouvrier ne vous en impose sur l'activité de son travail, et qu'il ne fasse plus de bruit que de besogne. L'œil du maître engraisse le cheval.

VIII.

La saison, le local, la matière, rendent souvent le crible d'un usage indispensable : un blé bien nettoyé exige moins de soins pour sa conservation, et vous le vendrez au-delà de ce qu'il aura pu vous coûter pour les frais de criblage.

IX.

L'endroit le plus frais, le plus sec, le mieux clos et le plus éloigné de toute odeur désagréable, réunira les conditions d'un bon grenier ; car là où il n'y a point de chaleur et d'humidité, il n'y a pas non plus d'insectes ni de fermentation à appréhender.

X.

Tout blé nouveau porté au grenier, se ressue et jette son feu ; il faut le travailler jusqu'à ce qu'il l'ait perdu ; s'il s'échauffe, il se gâte bientôt : ce premier travail durera à raison du temps et de la situation du grenier.

XI.

N'attendez point pour remuer votre blé, qu'il répande de l'odeur, et échauffe la main enfoncée dans le tas ; il auroit déja subi un commencement d'altération que la réunion des moyens les plus efficaces ne parviendroit point à corriger entièrement. La vigilance est la mère de la prospérité, et Dieu ne refuse rien à l'industrie.

X I I.

Croire que les insectes naissent dans les grains par l'influence des temps ou d'autres circonstances locales, c'est une erreur dont vous sentiriez tout le ridicule, si vous pouviez vous persuader que leurs œufs sont déposés aux champs, à la grange et au grenier, par les papillons ou les mouches qui s'y rendent en troupes.

X I I I.

La meilleure recette sur laquelle il faille compter pour diminner le ravage des insectes, c'est le grand chaud, le grand froid, le pelage et le criblage : le blé récolté humide s'y trouve encore plus assujetti ; il est bientôt perdu si vous l'oubliez au grenier : un malheur ne vient jamais seul.

X I V.

Cherchez à prévenir l'invasion des insectes ; une fois introduits quelque part, il est difficile de les en chasser tout-à-fait ; poursuivez cette race par-tout où elle a pu établir son domicile ; interdisez-lui toute issue ; bouchez les trous, les fentes, les crevasses qui lui servent de retraite, et souvenez-vous

Qu'il faut faire aux méchans guerre continuelle.

XV.

Avant de sortir le blé du grenier pour le transporter par eau ou par terre, passez-le au crible, il soutiendra mieux le voyage : rendu à sa destination, criblez-le encore jusqu'à ce qu'il ait acquis la fraîcheur et la sécheresse nécessaires à sa conservation. Le défaut de soins fait plus de tort que le défaut de savoir.

XVI.

Dès que le blé est sec et parfaitement nettoyé, au lieu de l'accumuler en tas sur le plancher d'un grenier, renfermez-le dans des sacs écartés les uns des autres à quelque distance des murs. C'est une vérité incontestable que plus les masses sont petites, moins elles s'échauffent et se gâtent.

XVII.

La pratique de tenir le blé en sacs isolés, est simple ; elle épargne du temps, des soins, des frais de main-d'œuvre employés souvent en pure perte par les moyens ordinaires ; elle peut être adoptée dans les voitures, dans les bateaux, dans les marches.

X V I I I.

Le même endroit contiendra plus de grain de différentes espèces, sans confusion ni mélange ; vous serez à portée ensuite de visiter les sacs, de les déplacer sans danger et sans déchets : ce sont autant de petits magasins renfermés dans un grand ; c'est réellement du blé en grenier.

X I X.

La première mise qu'exige l'achat des sacs, n'arrêtera que celui qui, plus frappé de la dépense du moment que des bénéfices à venir, ne calculera point tous les inconvéniens auxquels remédiera nécessairement cet usage.

X X.

Un sentiment d'humanité devroit arrêter ceux qui envoient vendre des criblures : le malheureux, séduit par le bon marché, n'en obtient qu'un pain coûteux, désagréable, peu substantiel et mal sain : ne vaudroit-il pas mieux les employer à nourrir les volailles et à engraisser les porcs ?

X X I.

Autant que vos moyens le permettront, tirez de la première main, et ayez toujours du grain en avance : ne faites vos achats qu'au poids et à la mesure, si vous voulez éviter les contestations : par ce double moyen, vous préviendrez toutes les fraudes, particulièrement celle qui donne au blé, en le mouillant par surabondance, un embonpoint apparent, et diminue de ses qualités.

Deux sûretés valent mieux qu'une.

X X I I.

Si les sacs avoient renfermé, l'année précédente, des blés humides, mouchetés ou infectés d'insectes, n'y mettez de nouveaux grains qu'après avoir sécoué, lavé, séché, exposé à l'air ces sacs; on pourroit même les retourner.

X X I I I.

Les autres grains demandent les mêmes soins que le blé pour leurs semailles, leur nettoiement et leur conservation ; mais c'est un abus de cultiver ensemble le froment et le seigle, puisque l'un est plutôt mûr que l'autre, que chacun exige en outre un terrain différent.

Les fromens sémeras en la terre boueuse ;
Les seigles logeras en la terre poudreuse.

ARTICLE

ARTICLE III.

DE LA MOUTURE.

La première et la plus essentielle opération de la fabrication du pain, c'est la mouture ; tout le succès du travail du boulanger en dépend. Entre un bon et un mauvais moulage, il y a autant de différence qu'il s'en trouve d'un blé de choix à un blé inférieur. Voici les conditions à remplir pour retirer du grain la qualité et la quantité de farine qu'il renferme.

Des soins préliminaires à la mouture ;

Le choix et la qualité des meules ;

Une manière convenable de les dresser et de les piquer ;

Des bluteaux bien montés pour en séparer les produits ;

Des précautions pour avoir la farine de son blé.

I.

Il est de votre intérêt de ne point différer la mouture d'un blé qui menace ruine ; les frais de main-d'œuvre vont toujours en augmentant, à mesure que vous le gardez : le convertir en farine, ce sera mettre un frein à la voracité des insectes, qui, en partageant votre subsistance, détériorent encore celle qu'ils vous laissent.

I I.

Êtes-vous dans la disposition d'envoyer moudre, examinez votre grain ; faites-le ressuer au soleil ou au four, s'il est humide ; mouillez-le légèrement au contraire lorsqu'il est trop sec ; sans ces précautions, la farine demeurera dans le son, ou celui-ci passera dans la farine.

I I I.

Au lieu de vous contenter de mouiller les blés qui ont, à leur extérieur, une mauvaise odeur, lavez-les à grande eau la veille de leur emploi au moulin ; ils acquerront en même temps les qualités pour lesquelles il faut quelquefois les humecter avant de les moudre.

I V.

Les grains nouveaux ne sont pas sains, sur-tout lorsque l'année a été humide et froide ; en les exposant au soleil ou au four, ils s'écrasent, se blutent mieux. Achetez du blé vieux, plutôt que de courir les risques de vous incommoder. Quand on est malade, on ne gagne rien.

V.

Dès qu'un grain ne réunit pas toutes les qualités qu'exige une bonne mouture, il les acquiert par le mélange avec un autre qui lui prête ce qu'il n'a point en proportion suffisante : avant d'engrener, associez donc les blés de la même espèce, mais de qualité opposée.

V I.

Vous n'avez pas raison d'envoyer moudre plusieurs espèces de grain à-la-fois, tels que le froment et le seigle, parce que leur forme, leur volume et leur qualité étant différens, chacun demande une mouture particulière : vous serez toujours à temps de mêler leurs farines.

V I I.

Assurez-vous bien, avant d'envoyer au moulin, du moment où vous pourrez faire moudre ; votre blé, entassé avec celui qu'on y porte continuellement, sera exposé à dépérir, et même à être changé. Il faut que chacun engrène à son tour.

VIII.

Toutes les façons de moudre se réduisent à deux : la première consiste à moudre et à remoudre ; l'autre est finie en un seul moulage : ainsi, celle-ci est faite lorsque le grain est broyé, tandis que l'autre commence seulement : il faut des talens pour diriger l'une et l'autre opération, sur lesquelles la plupart des meuniers paroissent trop indifférens.

Dans ton métier tu t'instruiras,
Pour le savoir parfaitement.

IX.

Le meunier ne doit confier aux meules nouvellement rebattues, que des grains inférieurs, destinés aux Amidoniers et à la nourriture des bestiaux : il s'en détache une poussière qui, demeurant dans la farine, rend le pain désagréable et mal sain.

X.

Faites ensorte que la pierre des meules soit fort dure, et ne les mettez en travail qu'après qu'elles seront parfaitement sèches : les moins compactes méritent la préférence, parce que les vides qui s'y trouvent, facilitent la sortie de la farine, qui ne prend pas autant de chaleur.

X I.

Pour réduire le mouvement de la meule à moitié de la vitesse ordinaire, donnez à la lanterne du moulin un diamètre une fois plus grand ; alors, au lieu de deux tours, il n'en faudra plus qu'un, et les grains moins échauffés n'éprouveront pas autant de déchets.

X I I.

L'anille placée sur la meule courante, au lieu de se trouver dessous, rendra le meunier entièrement maître de son moulin ; l'équilibre sera plus naturel ; la meule posée et parfaitement ajustée, demeurera dans le même état, chaque fois qu'il s'agira de la redresser après le r'habillage.

X I I I.

Voulez-vous que les meules soient moins sujettes à se frotter et à s'user, rayonnez-les dans une direction circulaire ; le moulin alors portera plus de grain, la farine sera plus affleurée, et le son plus large ; il n'y aura pas autant de gruaux et de petit son.

X I V.

Les bluteaux à huit côtés tournans, sont préférables aux bluteaux frappans ronds. Ils seront formés de quatre étoffes différentes : la première sera d'un tissu très-fin, afin que la farine puisse passer sans aucun mélange de son : ils peuvent être mis en mouvement par le montant du moulin, sans lui occasionner le moindre retard.

X V.

Il faut peser le blé avant de l'envoyer au moulin, et agir de même pour les produits qui en reviennent. L'estimation à la mesure induit en erreur ; c'est toujours au poids qu'il faut se faire rendre les farines et les sons, soit qu'on paie la mouture en argent ou en nature.

X V I.

Une mouture est bien finie, lorsque le son large et parfaitement évidé, vient, avec sa couleur ordinaire, rouler au-dessus de la farine, et que celle-ci est tiède à la huche.

XVII.

Méfiez-vous d'un moulin qui va fort, et d'un meunier qui expédie beaucoup de grain à-la-fois; tout meunier mérite les reproches les plus fondés, s'il n'allège pas les meules, s'il ne leur donne pas la quantité de grain relative à leur force, enfin, s'il ne diminue pas la violence du moteur.

XVIII.

Les effets de l'action trop violente des meules sur les grains, ressemblent à ceux que le feu leur fait éprouver; la farine est piquée, rougeâtre; elle mollit au travail, donne une pâte qui n'a pas de soutien, et un pain sans goût.

XIX.

Malgré tous les moyens mis en œuvre pour refroidir une farine sortie brûlante d'entre les meules, il est de toute impossibilité de remédier aux inconvéniens qui en sont la suite, puisque avant de quitter le moulin, il y a déja défaut de qualité.

X X.

Si vous faites moudre pour les besoins de la famille, n'abandonnez jamais le son au profit de votre domestique, parce que, plus occupé de ses intérêts que des vôtres, il ne surveillera pas la mouture; et le meunier reconnoissant, donnera beaucoup de son à la servante, et peu de farine à la maîtresse. Evitons de fournir à autrui l'occasion de nous tromper.

X X I.

Les farines forment ordinairement les trois quarts du poids du blé; les sons et déchets en font l'autre quart; la qualité et les proportions de ces produits peuvent varier à raison des saisons et des moutures.

X X I I.

Ne vous en laissez pas imposer par les produits exagérés : si un quintal de bon blé rend plus que les trois quarts en farine, tant blanche que bise, le surplus n'est que du son réduit en poudre aussi fine que la farine, celle-ci perd même, par cette augmentation, infiniment plus en valeur qu'elle ne gagne en poids.

ARTICLE IV.

DE LA FARINE.

La farine n'est autre chose que le grain lui-même mais broyé et dont on a séparé, plus ou moins exactement, le son qui lui servoit d'enveloppe ; cette séparation a lieu quelquefois au moulin, en même temps que l'on moud, ou bien elle s'exécute après la mouture chez le particulier. Les objets qu'il est essentiel de connoître, sont :

Le choix des différentes qualités de farines.

Les moyens de connoître leur perfection, leur bonté, ou leur altération.

La pratique de les conserver un certain temps sans embarras comme sans frais.

Leur commerce utile pour toutes les classes.

Les mélanges qu'il est possible d'en faire.

I.

La connoissance des farines est aussi facile à acquérir, que celle des grains qui les ont produits. Elles ont, comme eux, des caractères distinctifs de bonté, de médiocrité et d'altération, que l'habitude réfléchie sait saisir tout d'un coup.

I I.

La meilleure farine de froment est d'un jaune clair; elle est sèche et pesante : elle s'attache aux doigts ; pressée dans la main, elle reste en une espèce de pelotte; elle n'a aucune odeur, mais sa saveur ressemble à celle de la colle fraiche.

I I I.

En incorporant de l'eau avec de la farine, on en formera une boulette; si cette boulette, après avoir été bien maniée, s'affermit promptement à l'air, s'alonge en tous sens sans se rompre, c'est encore un signe de sa bonne qualité.

I V.

Si la pâte mollit, s'attache aux mains et se rompt volontiers, la qualité de la farine est inférieure et même suspecte; mais si elle a une couleur terne et de l'odeur, si elle a un goût désagréable, c'est encore pis.

V.

La farine d'un excellent blé boit un tiers au moins

de son poids d'eau ; celle d'une qualité inférieure n'en absorbe guère qu'un quart, et même un cinquième, lorsqu'elle provient d'un grain germé ou mal moulu.

V I.

C'est une erreur de croire qu'il faille laisser séjourner le son dans les farines, puisqu'elles s'échauffent d'autant plus vite, qu'elles en contiennent davantage ; d'ailleurs, le son leur communique de l'odeur et du goût ; il faut donc se hâter de l'en séparer.

V I I.

N'employez pas la farine au retour du moulin, car alors elle n'absorberoit pas autant d'eau au pétrissage; la pâte auroit moins de corps, et le pain ne seroit pas aussi savoureux : laissez-la refroidir et reposer ; il y a cinq à six livres de pain à gagner par sac. Attendre en ce cas n'est pas toujours temps perdu.

V I I I.

Prenez toutes vos mesures contre les accidens qui font chommer les moulins, et monter la farine à un prix qui n'a plus de proportion avec celui du blé :

ayez donc toujours de la farine en réserve plus que le ménage ne l'exige, parce qu'elle se bonifie en vieillissant, et vous parerez à tous les inconvéniens.

Qui veut prédire est fou ;
Qui sait prévoir est sage.

I X.

Avec de la farine, il n'y a plus d'inquiétude à avoir ; il n'est question que de vider le sac dans le pétrin et de faire son pain : on n'est pas également rassuré sur les besoins de la consommation, quand on n'a que du grain ; ce qui fait crier famine sur un tas de blé.

X.

Toutes les pratiques usitées pour conserver les farines, ont leurs inconvéniens : les garde-t-on un certain temps avec le son, elles s'échauffent ; répandues sur le carreau ou le plancher du grenier, après les avoir blutées, la poussière, l'humidité, les insectes, les chats, les rats, les ouvriers leur préjudicient ; elles ne sont pas encore à l'abri d'altération dans des sacs empilés.

X I.

Le moyen le plus commode et le plus naturel de conserver les farines à peu de frais jusqu'au moment de leur emploi, c'est de les mettre en sacs isolés, et de placer ces sacs par rangées droites, à quelque distance des murs.

X I I.

La conservation de la farine dans des sacs isolés, réunit autant d'avantages que les autres pratiques ont d'inconvéniens : ainsi divisée par petites masses, elle n'est plus exposée à s'échauffer comme quand elle est amoncelée à l'air.

X I I I.

La précaution tant recommandée de répandre les farines dès qu'elles arrivent du moulin, pour accélérer leur refroidissement, n'est ni sage, ni utile, ni nécessaire : en été, l'air ne sauroit les tiédir ; en hiver, il n'y a rien à craindre ; enfin s'il fait humide, c'est le moyen de nuire à leur conservation.

X I V.

Ne craignez point de laisser la farine dans le sac ; elle perd la chaleur et le goût des meules, elle s'y sèche et devient moëlleuse ; plus d'inquiétudes sur la provision, plus de main-d'œuvre et de déchet, plus d'inconvéniens pour les ouvriers qui la remuent ; on en est quitte dans les temps chauds, humides et orageux, pour déplacer les sacs, et les renverser *cul ſur gueule.*

X V.

Portez au bluteau le son exposé quelque temps au grenier ; il s'en détachera une farine que vous pourrez faire entrer dans la composition du pain bis ; ainsi dépouillé, mis en sacs, à l'instar des grains et des farines, il n'éprouvera plus autant de diminution de poids et de mesure ; il ne sera plus exposé à être attaqué par la mite, ni à prendre aussi promptement de l'odeur.

X V I.

Ne remettez point à mêler vos farines au moment où vous devez cuire la fournée, parce qu'elles exigent un certain temps de séjour entre elles pour s'améliorer, se pénétrer et s'assimiler ; il faut s'occuper des mélanges quelque-temps après la mouture.

X V I I.

Ne mélangez jamais des farines qu'après des essais en petit, qui vous assurent, par la qualité du pain qui en résulte, que vous avez atteint réellement le point que vous cherchez.

X V I I I.

Toutes les farines du même grain sont destinées à aller ensemble : les blanches et les bises ont des propriétés différentes entre elles ; en les mélangeant, elles forment un tout qui contient dans son entier la partie substancielle et nourrissante du blé.

X I X.

Les farines de minot se conserveront mieux, et ne coûteront pas aussi cher ; si au lieu de laisser les gruaux dans le son, vous les soumettez de nouveau à la mouture pour les réunir ensuite aux farines blanches, elles seront, par ce moyen, plus abondantes, plus sèches, et braveront plus aisément les voyages de long cours.

X X.

Dès qu'il sera question d'employer ensemble, par portions égales, la farine des grains moulus séparément, destinez toujours celle qui fermente le plus aisément, à former le levain, et l'autre au pétrissage.

X X I.

Le commerce des farines mérite la préférence sur celui des grains en nature : les laboureurs, les meuniers, les boulangers, les consommateurs y sont également intéressés : il procurera à toutes les classes un pain de bonne qualité, et à un prix conforme à leurs moyens.

X X I I.

Comptez toujours sur une grande économie en vendant votre blé pour acheter de la farine à la place ; vous pourrez alors calculer tout d'un coup le prix auquel vous reviendra le pain que vous préparerez, indépendamment des embarras et des inquiétudes que vous vous épargnerez.

X X I I I.

Ceux d'entre vous qui auront une basse-cour, trouveront également leur compte en achetant du son au poids et non à la mesure ; quand vous faites moudre, cette denrée vous revient souvent aussi cher que la farine.

XXIV.

Le commerce des issues procureroit à chacun l'espèce qui conviendroit à l'emploi qu'il jugeroit à propos d'en faire ; le gros son pour les chevaux, le petit son pour les vaches, le remoulage pour l'engrais des porcs et des volailles.

ARTICLE V.

DU PAIN.

Le nettoiement des grains et leur conservation sont nécessaires pour obtenir une bonne farine ; mais pour retirer de celle-ci un pain pourvu de toutes les qualités desirables, il y a encore un objet à remplir, sans lequel tous les soins deviendroient presque nuls : c'est l'exécution complète des procédés relatifs à la boulangerie. Les points sur lesquels doit rouler cet article, sont:

L'eau avec laquelle on fait la pâte.

Le sel qui lui sert d'assaisonnement.

Les levains qui la font fermenter.

Les différentes opérations du pétrissage.

La construction et le chauffage du four.

L'apprêt et la cuisson du pain.

I.

La propreté, si essentielle dans toutes les circonstances de la vie, doit être la première loi de ceux qui font du pain. Combien de fournées manquées par la mauvaise odeur des endroits où l'on cuit ! Il y a des maisons tellement malpropres, qu'elles causent des maladies à ceux qui y demeurent.

I I.

La qualité du pain ne dépend pas de celle des eaux avec lesquelles on le fabrique ; le degré de chaleur qu'on leur donne, la quantité qu'on en met, voilà absolument ce qui y contribue.

I I I.

Toutes sortes d'eaux bonnes à boire, peuvent servir indifféremment à la fabrication du pain ; vous y approprierez même celles qui ont un goût marécageux, en les faisant bouillir, puis refroidir, et passer à travers un tamis.

I V.

En été, servez-vous de l'eau telle qu'elle est ; faites-la tiédir en hiver, et chauffer davantage dans les grands froids ; ces trois degrés de l'eau vous donneront trois qualités de pain ; mais celui fait à l'eau froide est plus délicat que le pain à l'eau chaude.

V.

La farine de froment est la seule pour laquelle l'eau froide ou tiède soit utile ; les autres grains, dans toutes les saisons, la demandent chaude, mais jamais bouillante : mettez-en une partie sur le feu, pour la mêler avec celle qui est froide, d'où résulte une eau à la température desirée.

V I.

Le sel n'assaisonne pas seulement le pain, il donne du soutien à la pâte des farines qui n'ont pas suffisamment de corps : ne l'employez que fondu dans l'eau à la fin du pétrissage, et modérez-en toujours la dose ; une demi-livre par quintal de farine suffit.

Tout homme qui trop sale.
A le cuir sujet à la gale.

V I I.

Le morceau de pâte détachée de la dernière fournée, est le fondement du levain : délayez-le dans l'eau jusqu'à trois fois ; ajoutez-y une nouvelle quantité de farine pour en faire une masse ferme ; laissez chaque fois cette masse s'apprêter deux ou trois heures, et vous obtiendrez successivement le levain rafraîchi au degré convenable.

VIII.

Les caractères d'un bon levain sont, d'avoir le double de son volume, d'être bombé vers le milieu, de repousser la main qui presse sa surface, de conserver sa forme en le mettant dans le pétrin, de se soutenir sur l'eau comme une éponge, et de répandre en l'ouvrant, une odeur vineuse pénétrante.

IX.

La quantité de levain employé doit être la même dans toutes les saisons ; c'est la moitié de la farine destinée à la fournée ; mais il est bon de le tenir un peu plus avancé en hiver, et moins poussé quand il fait chaud.

X.

Les levains produisent sur la pâte des effets différens, suivant leur état et leur proportion : grands levains nouveaux dans presque tous les temps, et pour la farine de presque tous les grains ; levains plus avancés dans les grands froids, et pour les farines des blés tendres et humides ; jamais levains vieux et en petite quantité en aucune saison, ni pour quelque espèce de farine que ce puisse être : voilà des maximes fondamentales à inscrire au-dessus du pétrin.

X I.

Ce n'est pas une économie de faire entrer le son en substance dans le pain ; loin de nourrir, il nuit à l'effet et à la qualité de l'aliment ; il en augmente le poids et en diminue le volume : préférez de le consommer dans les basses-cours.

X I I.

Dans une circonstance de cherté, on pourroit mettre le son gras tremper dans l'eau froide pendant la nuit, passer cette eau, et la faire servir au pétrissage : le marc mêlé avec des herbages, peut encore nourrir les bestiaux, qu'il faut remplir autant que nourrir.

X I I I.

Pour bien pétrir, il faut aller d'abord doucement jusqu'à ce que le levain soit bien délayé dans la totalité de l'eau, ajouter la farine que l'on incorpore plus vite en étendant les deux mains ouvertes à côté l'une de l'autre, en les fourrant dans la pâte pour l'empoigner, la soulever, l'appuyer sur une main, et la changer de place : plus on se donnera de peine pour bien pétrir, plus on se trouvera avoir de pain, et meilleur il sera. On n'a rien de bon sans le travail.

X I V.

Dans les temps chauds, la pâte, pour conserver sa consistance, demande à être divisée au sortir du pétrin ; il faut la laisser en masse quand il fait froid, avant de la tourner, pour qu'elle puisse entrer en levain.

X V.

Quand le levain ou la pâte n'auront pas le volume qu'ils doivent avoir, vous les raccommoderez aisément par l'addition d'une nouvelle quantité d'eau et de farine, observant néanmoins qu'il n'en résulte pas plus de pâte que le four n'en pourroit contenir.

X V I.

Les corbeilles, panetons, et autres vaisseaux dans lesquels le levain ou la pâte s'apprêtent, seront plus étroits au fond qu'à leur ouverture, et plus grands qu'il ne faut ; la pâte, en gonflant, se trouvera comprimée sans passer les bords, et annoncera, par le volume qu'elle occupe, les caractères de sa bonne qualité.

X V I I.

La bonté de la cuisson du pain, et l'économie du

bois, dépendent de la construction du four ; sa grandeur varie, mais rarement sa forme : celui des boulangers ordinaires a neuf pieds de large sur dix pieds deux pouces de longueur ou de profondeur ; la distance de l'âtre à la clef, est de seize à dix-huit pouces ; il faut que l'entrée ferme exactement au moyen d'une porte de forte tôle ou de fer fondu.

XVIII.

En pratiquant au dessus du four une espèce de chambre, dans laquelle on prolongeroit la chaleur avec des tuyaux de poéle, vous aurez la commodité de faire sécher, sans frais, les grains quand ils seront humides, d'y préparer, pendant les grands froids, le levain et la pâte. Voilà l'étuve économique du ménage.

XIX.

Le bois étant la plus forte dépense de la fabrication du pain, vous devez chercher à y suppléer par un combustible moins cher ; la houille, par exemple, brûlée à plat au milieu du four, peut complètement opérer la cuisson, sans communiquer au pain la moindre odeur.

XX.

Evitez de vous laisser surprendre par l'apprêt de la pâte ; il y a moins d'inconvéniens que le four attende :

dans ce cas, il faut, avec quelques petits morceaux de bois, maintenir la chaleur et conserver la braise, laquelle étouffée à propos, dédommage de la dépense du chauffage, quand on y emploie du gros bois.

XXI.

Enfournez sans interruption, et ne défournez qu'à propos ; la cuisson une fois manquée, il est difficile d'y revenir. On connoît que le pain est bien cuit, lorsque, frappé du bout du doigt, il résonne avec force, que la mie légèrement pressée, repousse comme un ressort, et que le dedans est parsemé de trous plus ou moins grands.

XXII.

L'usage du pain chaud a des inconvéniens : laissez-le refroidir à l'air avant de le renfermer, autrement il moisira : mangé un peu rassis, il n'incommode jamais, et profite davantage.

De votre table, il faut exclure
Le pain sortant du four, et celui qui moisit.

XXIII.

Le pain de méteil tient le premier rang après le pain de froment ; il a même un avantage sur celui-ci ; il reste frais long-temps, sans rien perdre de son goût ;

avantage

avantage précieux, parce qu'on a besoin de cuire moins souvent, et qu'il n'en coûte pas autant de frais.

XXIV.

Le biscuit de mer demande un peu plus de levain et d'eau qu'on n'en emploie ordinairement : on juge qu'il est bon quand il se casse net, que l'intérieur est luisant, qu'il trempe et mitonne : on ne le mettra à l'abri de l'air et des insectes qui s'y attachent, qu'en le renfermant dans des caisses ou des barils peu de temps après sa fabrication, et le conservant ainsi jusqu'au moment de s'en servir.

XXV.

Le grenier, les sacs, le pétrin, les corbeilles, le local de la boulangerie, le four, les couvertures, exigent une extrême propreté ; autrement les grains, la farine, le levain, la pâte et le pain, contractent de mauvaises qualités. Le meilleur vin mis dans des futailles où il y auroit eu du vinaigre gâté, se corromproit bientôt.

XXVI.

Les pains d'un trop petit volume ne font pas de profit, à cause de leur excessive évaporation au four, et des autres frais de main-d'œuvre qu'ils exigent pour être préparés ; ils se sèchent en outre au bout de vingt-quatre heures, et perdent leur goût.

Une croûte trop sèche engendre trop de bile ;
Préférez-lui la mie, à broyer plus facile.

XXVII.

Il est utile pour les économes, de ne faire que des pains ronds de douze livres ; ils se tiennent frais plus long-temps : d'un poids plus considérable, ils sont embarrassans à manier, se ressuent, se cuisent mal, moisissent aisément, et ne nourrissent pas autant en proportion, vu qu'ils ont plus de masse sous moins de volume.

XXVIII.

Voulez-vous obtenir toujours, par livre de blé, une livre de pain, composez-le de toutes les farines sans aucun mélange de son ; c'est l'aliment le plus substantiel, et en même-temps le plus économique ; en un mot, c'est le véritable pain de ménage.

XXIX.

Une autre épargne pour les petits ménages, c'est d'acheter leur pain, si près d'eux il se trouve un bon boulanger : ils l'auront toujours meilleur que celui préparé à la maison ; le bénéfice qu'ils croient faire, disparoîtroit bientôt, s'ils mettoient en ligne de compte tout ce qu'il leur en coûte pour le fabriquer eux-mêmes, quelle que soit la consommation.

XXX.

Il n'existe pas de forme plus avantageuse, pour consommer le blé et le seigle ensemble ou séparément, que celle du pain. Les formes de potages, de gruaux, de bouillie, de galette, ne conviennent qu'aux autres grains plus sains, plus agréables, plus nourrissans, apprêtés ainsi.

XXXI.

Vous consommeriez moins de pain en cultivant plus de légumes : il n'en est point qui mérite de vous intéresser davantage que la pomme de terre ; un champ qui rapporte au plus cinq sacs de blé, en produit quatre-vingt-cinq de ces racines, dont cinq mesures fourniroient autant de nourriture qu'une de grains : la pomme de terre se plante après toutes les semailles, et se récolte après toutes les moissons.

XXXII.

Les grains donnés sous forme de pain aux bestiaux, leur seroient plus avantageux en nature, ou écrasés grossièrement. Le pain émietté, détrempé dans l'eau, et donné en guise d'eau blanche[1], n'auroit pas, comme le son, l'inconvénient de faire naitre des vers dans le corps de l'animal.

XXXIII.

Les vérités ont une peine infinie à braver les préjugés; il faut une longue expérience pour convaincre sur les bonnes pratiques; c'est aux hommes bienfaisans à y déterminer, par l'exemple, les cantons qu'ils habitent. Cette leçon si douce et si persuasive, vaut mieux que l'écrit le plus abrégé. Citoyens estimables, ne vous lassez point de la donner.

Le plaisir de faire du bien,
Est le prix de l'homme qui pense.

www.ingramcontent.com/pod-product-compliance
Ingram Content Group UK Ltd.
Pitfield, Milton Keynes, MK11 3LW, UK
UKHW020444180726
13839UKWH00004B/1612